LE PLAN JUIF DE CONSPIRATION MONDIALE

Les Protocoles des Sages de Sion
devant la Chambre correctionnelle
de Berne

par le Dr. Karl Bergmeister

U. BODUNG-VERLAG
    Service Mondial   Erfut, Octobre 1937
        Erfurt   (Allemagne)
    4,Daberstedterstr.

Monsieur le Rédacteur en Chef,

C'est le 27 octobre 1937 que doit être jugé en appel; à Berne, le procès relatif à l'authenticité des „Protocoles des Sages de Sion".

Si nous avons attaqué le jugement de 1ère instance, prononcé à Berne en 1935 par un juge marxiste, et déclarant que. Les „Protocoles" sont un faux, c'est dans l'intérêt même de tous les peuples aryens. C'est pour la même raison que nous prenons la liberté de nous adresser à vous pour vous demander de bien vouloir apporter toute votre attention à ce procès et de tenir vos lecteurs au courant de ses phases.

Nous joignons à la présente une brochure, du Dr. Karl Bergmeister, intitulée:

„Le Plan Juif de Conspiration Mondiale"
    (Les Protocoles des Sages de Sion
     devant la chambre correctionnelle de Berne)

qui vous éclairera sur cette importante question et à laquelle vous pourrez faire allusion dans vos articles.

Nous nous permettons d'ajouter ci-joint une petite note publicitaire concernant cette brochure.

Nous vous serions très obligés de bien vouloir nous adresser trois exemplaires de chacun des numéros de votre publication contenant les articles que vous aurez publiés sur le procès, ou sur cette brochure, et nous vous en remercions vivement d'avance.

Veuillez agréer, Monsieur le Rédacteur en Chef, l'assurance de notre considération distinguée.

                            U. BODUNG-VERLAG.

A l'occasion du jugement en appel, à Berne, le 27 octobre 1937, du procès sioniste sur l'authenticité des „Protocoles des Sage de Sion", les éditions U. Bodung, d'Erfurt, viennent d'éditer une petite brochure en français, intitulé :

„Le Plan Juif de Conspiration Mondiale".
(Les Protocoles des Sages de Sion devant la chambre correctionnelle de Berne), par le Dr. Karl Bergmeister.

Le but de cette brochure est de présenter un exposé: clair et concis des circonstances entourant ce procès.

Voici les titres des chapitres:
1° L'histoire de l'origine des Protocoles ;
2° Les premières tentatives défense de la juiverie ;
3° Le procès de Berne ;
4° les prétendues preuves de faux ;
5° Trois juifs orthodoxes affirment l'authenticité des Protocoles ;
6° L'authenticité des Protocoles confirmée par leur contenu.

En dépit de toute évidence, et contre toute attente, le jugement prononcé en 1ère instance a infirmé la thèse de l'authenticité. Une telle décision n'est compréhensible que si l'on sait que le tribunal s'est basé uniquement sur les déclarations de seize témoins favorables aux juifs, alors qu'il s'est refusé d'entendre un seul des quarante témoins non-juifs cités par la défense.

Nous tiendrons nos lecteurs au courant des débats de ce nouveau procès et nous leur recommandons particulièrement la lecture de cette brochure qui leur donnera une idée de la brûlante actualité et de l'importance des „Protocoles" pour tous les peuples aryens.

On peut se la procurer chez U. Bodung-Verlag, Erfurt (Allemagne) au prix de 0,45 RM (ou leur contre-valeur, ou de deux Coupons Réponse Internationaux pour un exemplaire.)

© *2019 Tous droits réservés*
Traduction
GEORG BALMAN

Exegi monumentum ære perennius
Un Serviteur Inutile, parmi les autres

21 mars 2019

MERCI AUX NOBLES INCONNUS
Qui ont su préserver de la destruction ce document

correction, mise en page
LENCULUS †

Pour la Librairie Excommuniée Numérique des CUrieux de Lire les USuels
Toutes les recensions numériques de LENCULUS *sont gratuites*

Le plan juif de conspiration mondiale

Le procès relatif à l'authenticité des Protocoles de Sion, ou des Sages de Sion, qui s'est déroulé à Berne de 1933 à 1935, a fourni aux écrivains juifs et amis des Juifs l'occasion tant désirée de pouvoir enfin claironner de par le monde qu'un magistrat de Berne a rendu en toute objectivité un jugement déclarant que les Protocoles sont un faux.

C'est ce qu'ont écrit : le Juif Alexander Stein, dans son livre „*Adolf Hitler, Elève des Sages de Sion*" (Graphia-Verlag, Carlsbad 1936) ; le juif Iwan Heilbut, dans „*Les Calomniateurs publics. — Les Protocoles des Sages de Sion et leur application à la politique contemporaine*" (Europa-Verlag, Zurich 1937) ; Mme Irène Harand, écrivain au service des Juifs dans son ouvrage : „*Son Combat. Réponse à Hitler*" (Vienne 1936) ; et le franc-maçon, marié à une juive, Comte R. N. Coudenhove-Kalergi dans „*La Haine de Juifs à notre époque*". (Paneuropa-Verlag, Vienne et Zurich 1935.)

Tous ces écrivains gardent intentionnellement le silence sur le livre du Dr. Stephan Vász, — publié en 1935, peu de temps après le procès — intitulé „*Das Berner Fehlurteil über die Protokolle der Weisen von Zion.*" („Le mauvais jugement sur les Protocoles des Sages de Sion". — U. Bodung-Verlag, Erfurt), livre dans lequel l'auteur, s'inspirant des actes du dossier de l'affaire, apporte la preuve écrasante que le procès de Berne ne fut qu'une parodie de justice.

Lorsque, étourdiment, la juiverie machina ce procès, puis le fit tourner à son avantage, elle ne s'imaginait pas que les débats et les investigations entreprises à la suite de ce procès étaleraient au grand jour une documentation si probante qu'il n'est plus possible, aujourd'hui à un homme sensé de soutenir que les Protocoles sont un faux fabriqué par les antijuifs.

Pour la clarté de l'exposé qui va suivre, je présume que le lecteur connaît déjà les *"Protocoles des Sages de Sion"*.

1. _____
L'histoire de l'origine des Protocoles.

Les Protocoles de Sion sont la reproduction, en vingt-quatre chapitres, d'un rapport sur le programme politique, économique et financier de la judéo-maçonnerie, en vue de l'établissement de la domination universelle des Juifs.

Jusqu'à présent, on n'a aucune donnée précise sur l'auteur de ce rapport, pas plus d'ailleurs que sur l'époque et le lieu où il fut rédigé.

En ce qui concerne plus particulièrement l'auteur des Protocoles, Madame L. Fry, femme de lettres américaine, à la suite de recherches entreprises en Russie, avec l'aide financière de Henry Ford, affirme qu'ils sont l'œuvre de l'écrivain juif Achad Haam (Ascher Ginsberg) d'Odessa. Certaines circonstances donnent à penser que les Protocoles furent lus dans une loge maçonnique française ; peut-être d'après un brouillon d'Achad Haam. A l'appui de cette hypothèse, on cite, d'une part, que le contenu des Protocoles correspond à la politique maçonnique et, d'autre part, qu'une déclaration de S. A. Nilus indique que la copie qui lui fut remise en 1901 portait, pour faire connaître la qualité des signataires, la mention : „ Signé par les représentants de Sion du 33ème grade."

Mais, on doit rejeter complètement cette assertion propagée par les Juifs, qu'il s'agirait d'un pamphlet calomniant la juiverie, imaginé par la police russe, et dont l'auteur serait le conseiller d'Etat P. J. Ratschkowsky. Toutes les preuves qu'on a prétendu fournir à l'appui de cette assertion pèchent par la base.

L'opinion, soutenue jusqu'à présent par les antijuifs, faisant remonter l'origine des Protocoles au premier congrès sioniste de Bâle de 1897, n'a pas plus de consistance. Elle est cependant défendable en ce sens que le texte rédigé entre 1890 et 1895 fut discuté à Bâle en 1897, au moment de ce congrès, au cours d'une réunion secrète de représentants de l'ordre maçonnique B'nai B'rith.

Comme preuve concluante, mentionnons que la première personne qui ait été en possession d'une copie des Protocoles en langue française fut le commandant russe, maréchal de la noblesse, Alexei Nikolajewitsch Suchotin, de Tschern, gouvernement de Tula. S. A. Nilus l'a écrit lui-même dans son ouvrage *„Le Grand dans le Petit "*. Ce fait est confirmé par la déclaration que rédigea son fils S. S. Nilus en 1936, stipulant qu'il était présent lorsque Suchotin remit le document à son père. J'ai pu, en outre, découvrir une proche parente de Suchotin, Madame Antonina Porphyrjewna Manjkowsky, née Suchotin, veuve d'un amiral russe, qui habite en Yougoslavie. Le 13 décembre 1936, cette dame me remit une attestation écrite déclarant que, pendant sa jeunesse, elle a séjourné à plusieurs reprises dans la propriété de Suchotin. Vers l'année 1895, lors d'une de ses visites, elle vit personnellement comment s'y prirent Mademoiselle Wera Suchotin, sœur de Suchotin, et sa nièce Mademoiselle Olga Wischnewetzky, — qui plus tard devint Madame Lotin —, pour faire une copie des Protocoles. Comme Wera Suchotin est morte depuis longtemps, Madame Manjkowsky m'a engagé à voir Madame Lotin qui habite à Paris. Malheureusement, Madame Lotin a perdu la raison après la mort de son mari Nikolaj W. Lotin, survenue vers 1930. Elle se trouve actuellement dans une maison de santé à Paris et elle ne peut évidemment pas être consultée.

Les déclarations de Madame Manjkowsky sont très importantes, surtout au point de vue des dates. Car Madame L. Fry a publié, dans son livre „ Waters flowing eastward ", page 89, ainsi que dans son autre livre „ Le Juif notre maître ", page 95, une lettre qui lui fut adressée le 17 avril 1927 par feu Philippe Petrowitsch Stepanoff, ancien procurateur au Synode de Moscou, mort en 1932. Stepanoff écrivait qu'il avait reçu du commandant Suchotin, dès 1895, une copie des Protocoles et il ajoutait que cette copie lui avait été remise par l'intermédiaire d'une dame de Paris.

On n'a pas encore pu découvrir qui était cette dame. S. A. Nilus écrit aussi dans son livre que, en 1901, lorsque Suchotin lui remit l'écrit, ce dernier prononça le nom de cette dame, mais qu'il l'a oublié. En ce qui concerne ce détail, le fils de Nilus m'a dit que son père avait écrit cela uniquement parce que Suchotin lui avait fait promettre de garder le secret sur ce nom tant que cette personne vivrait. Il ressort en tout cas de tout cela que, dès l'année 1895, c'est-à-dire deux ans avant le premier congrès de Bâle, il y avait déjà en Russie une copie des Protocoles.

D'après les données du fils de Nilus, les Protocoles furent publiés pour la première fois dans le journal moscovite „ Moskowskija Wiedomosti ", pendant l'hiver 1902/1903. Malheureusement, il ne m'a pas encore été possible de me procurer ce journal. Par contre, il est incontestablement établi que les Protocoles furent publiés dans le journal russe „ Snamja ", édité par Kruschewan, numéros du 28 août au 7 septembre 1903. Ce n'est que plus tard, en 1905, que Sergej Alexandrowitsch Nilus en publia le texte dans son livre sur l'antéchrist intitulé „ Le Grand dans le Petit et l'antéchrist, possibilité politique imminente " (en russe : „ Welikoje w malom i Antichrist kak bliskaja polititscheskaja wosmoschnost "). Il s'agit de la deuxième édition de ce livre. La première, publiée en 1901, ne contenait pas les Protocoles. La troisième

11

édition parut en 1911 ; la quatrième en 1917, avec cet autre titre : „ *Les temps sont proches* " (en russe : „ *Blis jest pri dwerech* ").

En 1906, l'écrivain russe George Butmi publia aussi les Protocoles dans son livre intitulé : „ *Entlarvende Reden, die Feinde des Menschengeschlechtes* ". (Discours édifiants ; les ennemis du genre humain). Une quatrième édition de cet ouvrage parut à Saint-Pétersbourg en 1907.

Les Protocoles restèrent complètement ignorés partout ailleurs en Europe. Ce n'est qu'après la guerre mondiale que l'œuvre de Nilus fut introduite en Amérique du Nord et en Allemagne par des émigrés russes. C'est ainsi que Müller von Hausen, président du „ *Verband gegen die Überhebung des Judentums* " (Union contre l'orgueil de la juiverie), s'en procura un exemplaire à Berlin. Il le fit traduire en allemand et le publia en 1919 sous le titre „ *Die Geheimnisse der Weisen von Zion* " (Les Secrets des Sages de Sion). Il signa cette publication de son pseudonyme Gottfried zur Beek.

Theodor Fritsch publia une deuxième édition des Protocoles sous le titre inexact de „ *Die zionistischen Protokolle* " (*Les Protocoles sionistes*). Cette brochure parut en 17ème édition en 1936, chez Hammer-Verlag, à Leipzig, sous le titre, exact cette fois, de „ *Die Protokolle Zions* " (Les Protocoles de Sion).

2.

Les premières tentatives de défense de la juiverie.

En 1921, la juiverie engagea la lutte contre les Protocoles. À cet effet, les trois articles suivants furent publiés presque coup sur coup :

Le 25 février 1921, l'„ *American Hebrew* " de New-York publia une interview accordée au reporter juif Isaac Landman par la princesse russe Catherine Radziwill.

Les 12 et 13 mai 1921, un Français, le comte Armand du Chayla, fit paraître un article en deux parties dans les „ *Posljednije Nowosti* " (Dernières Nouvelles), journal russe édité à Paris.

Enfin, le troisième article est dû à la plume du journaliste anglais Philipp Graves. Il fut publié dans le „ *Times* ", journal londonien, les 16, 17 et 18 août 1921.

La princesse Radziwill déclara que les Protocoles auraient été rédigés en 1905, après la guerre russo-japonaise et la première révolution russe, et qu'ils auraient pour auteur le conseiller d'Etat russe Peter Iwanowitsch Ratschkowsky, chef de la police secrète russe à Paris, avec la collaboration d'un de ses agents nommé Mathäus Golowinsky. La princesse ajouta que, pendant qu'elle se trouvait à Paris, Golowinsky lui aurait montré le manuscrit qu'il venait d'écrire et dont la première page était maculée d'une grosse tache d'encre bleue. À l'aide de cet écrit, les milieux conservateurs russes auraient eu l'intention d'exciter le Tsar Nicolas II contre les Juifs.

Dans son article, le comte du Chayla écrivit qu'il était allé voir Nilus en Russie en 1909. Ce dernier lui aurait montré le fameux manuscrit taché d'encre bleue, en lui disant qu'il le tenait de sa compagne, Madame Natalia

13

Afanassiewna K. (plus tard du Chayla cita le nom de Komarowsky), et que Ratschkowsky l'aurait remis à cette dame à Paris.

Enfin, Philipp Graves écrivit que les Protocoles auraient été rédigés d'après le livre de l'avocat français Maurice Joly *„Dialogues aux enfers entre Machiavel et Montesquieu"*, publié à Bruxelles, et dont la première édition remonte à 1864, et la seconde à 1868.

Ces divers articles tendent à prouver que les Protocoles sont un faux et qu'ils sont l'œuvre d'antijuifs.

La part de vérité que renferment ces articles, — dont je m'occuperai plus tard —, consiste en ce que l'auteur des Protocoles a largement puisé dans le livre de Joly. On retrouve dans les Protocoles des phrases, voire même des alinéas entiers qui ont été copiés presque mot à mot. Les Protocoles constituent donc un plagiat notoire de l'ouvrage de Joly. Mais ce fait ne prouve nullement que les Protocoles soient un faux antijuif. Peu importe, en effet, que le texte des Protocoles ait été rédigé d'après un autre livre. Par contre, la question qui se pose est plutôt celle de savoir si les Protocoles sont bien le programme juif de domination universelle, et s'ils furent écrits par un Juif, pour le peuple juif. Ce n'est pas parce qu'on se trouve matériellement en présence d'un plagiat que les Protocoles sont un faux par les idées qu'ils exposent. On ne pourrait justement parler de faux que s'il était prouvé que les Protocoles furent effectivement rédigés par un antijuif, dans le but de calomnier la juiverie. C'est précisément ce que la juiverie tenta de prouver lorsqu'elle fit déclarer par la princesse Radziwill que Golowinsky aurait composé les Protocoles sous la direction de Ratschkowsky. Mais, ainsi que je vais le démontrer, cette tentative a complètement échoué.

3.

Le Procès de Berne.

Malgré les trois articles auxquels je viens de faire allusion, les Protocoles firent leur chemin dans le monde. Ils furent édités dans presque tous les pays et dans les langues les plus diverses. C'est alors que la juiverie résolut d'obtenir une décision juridique à son profit à propos de ce document. Le 26 juin 1933, l'Union des Communautés israélites de Suisse se joignit à la Communauté Cultuelle israélite de Berne pour adresser une plainte au Tribunal de Berne, en le requérant de déclarer que la brochure de Theodor Fritsch „*Die Zionistischen Protokolle*" (Les Protocoles Sionistes) appartient à la littérature immorale et d'en interdire la diffusion. Pour la forme, la plainte fut établie contre cinq membres du Front National et de la Heimatwehr de Suisse, le principal inculpé étant Silvio Schnell, accusé d'avoir distribué les Protocoles au cours d'une réunion des membres de son parti.

Le juge désigna comme experts : pour les plaignants juifs, le Dr. A. Baumgarten, professeur de droit pénal à l'Université de Bâle, et, pour les inculpés, le lieutenant-colonel en retraite U. Fleischhauer, directeur du „*Service Mondial*" d'Erfurt. Il nomma également, comme premier expert, l'écrivain suisse C. A. Loosli, un partisan des Juifs.

L'interrogatoire des seize témoins désignés par les plaignants juifs eut lieu fin octobre 1934. Ces témoins étaient principalement des Russes, des Juifs et des francs-maçons. Le 14 mai 1935, le jugement fut prononcé, déclarant que les Protocoles sont un faux et qu'ils sont considérés comme littérature immorale. Il ne pouvait en être autrement puisque, d'une part, le juge marxiste ajouta foi aux déclarations mensongères de la princesse Radziwill et du comte du Chayla, en acceptant les conclusions des experts Baumgarten et Loosli sur ces deux rapports, et que, d'autre part, il refusa purement et simplement de prendre en considération toutes les objections que l'expert Fleischhauer avait formulées à propos des déclarations de ces deux personnages. À part cela, le juge, convaincu d'avance que les Protocoles ne pouvaient être qu'un faux, subissant en outre la pression évidente de la juiverie, alla si loin dans sa non-objectivité qu'il n'hésita pas à ne tenir absolument aucun compte des dispositions légales de la procédure suisse. C'est ainsi qu'il fit comparaître aux débats les seuls témoins désignés par les plaignants juifs, tandis qu'il refusa d'entendre les quarante témoins désignés par les inculpés. Le procès se déroula donc sur la base des dépositions des témoins appelés par les Juifs.

De plus, bien que le code suisse d'instruction criminelle prescrive qu'un procès-verbal doit être établi par un fonctionnaire du tribunal pour chacun des débats, le juge ne se conforma pas à cette règle et permit aux plaignants juifs de faire établir les procès-verbaux des dépositions de leurs témoins par deux sténographes privés choisis par eux. Étant donné qu'ainsi aucun procès-verbal authentique n'a été établi, toute la procédure et le jugement prononcé n'ont aucune valeur[1].)

1.— Voici un exemple qui nous prouve que, dans tous les pays, l'absence de procès-verbal de séance est un cas de nullité du jugement : En mai 1937, au tribunal correctionnel de New-York, le nègre Harry Jones fut jugé pour divers cambriolages. Il nia toute culpabilité, mais il fut condamné à cinq ans de prison. Le hasard voulut que le sociétaire mourût subitement d'une attaque d'apoplexie avant d'avoir mis au net les notes qu'il avait sténographiées.

L'esprit de partialité triomphait partout. C'est ainsi que, par suite de toutes sortes de machinations, l'expert Fleischhauer ne put faire valoir son droit absolu de par la loi, de prendre connaissance de la documentation de la partie adverse et d'en faire état. De plus, tandis que les deux experts suisses se virent accorder huit mois pour l'élaboration de leurs expertises, le juge n'accorda que six semaines à Fleischhauer pour établir la sienne. Ce n'est que sur sa protestation qu'on voulut bien prolonger d'un mois ce trop court délai.

L'inculpé principal, Silvio Schnell, a donc interjeté appel contre ce jugement, par l'intermédiaire de son défenseur Maître Hans Ruef. Ce nouveau procès est actuellement en instance à la cour d'appel de Berne.

Comme on ne trouva personne capable de déchiffrer les sténogrammes illisibles, par conséquent d'établir le procès-verbal, le juge déclara nul le jugement et fit immédiatement relâcher le nègre.

4.

Les prétendues preuves de faux.

En ce qui concerne les allégations probatoires que la juiverie a formulées contre l'authenticité des Protocoles dès 1921, et ensuite à Berne de 1933 à 1935, voici notre réponse :

L'assertion de la princesse Radziwill, stipulant que les Protocoles ont été rédigés vers l'année 1905 après la guerre russo-japonaise et la première révolution russe, est fausse puisque, ainsi qu'il l'a été prouvé, le texte des Protocoles se trouvait entre les mains de Stepanoff dès 1895, que Nilus détenait ce texte en 1901 et qu'ils ont été publiés en 1903 dans la „ *Snamja* ". Il est également établi que Ratschkowsky et Golowinsky ne se trouvaient plus à Paris en 1905 et même quelques années auparavant. Par là s'écroule ce tissu de mensonges de Madame Radziwill qui, lors de son interview de 1921, se donne faussement comme princesse, bien qu'après son divorce d'avec le prince Wilhelm Radziwill, elle ait épousé en 1914 un ingénieur nommé Karl Emil Kolb, dont elle divorça bientôt pour se remarier aussitôt. En 1921, en raison de ce nouveau mariage, elle se nommait, Danvin. Ce fut inutilement que l'expert Fleischhauer fit observer au tribunal que les déclarations de cette femme ne devraient pas être prises au sérieux, étant donné qu'il s'agit d'une faussaire et d'une aventurière.

Le tribunal repoussa le principe de toute enquête sur la vie antérieure de Madame Radziwill. Nous jugeons donc opportun de rapporter ici quelques-unes de ses prouesses.

Vers l'année 1900, elle entra en relation avec le propriétaire de mines de diamants Cecil Rhodes, lorsqu'il se rendit en Afrique du Sud. Pour des motifs personnels, elle fit publier, dans un journal créé par elle, le „ *Greater Britain* ", une interview entre elle et feu le lord marquis of Salisbury sur la situation politique en Afrique du Sud. Dans cette interview, le lord marquis de Salisbury aurait émis l'opinion que Rhodes devait être nommé premier ministre de la Colonie du Cap. Afin qu'il n'y eut aucun doute au sujet de l'authenticité de cette interview, la princesse montra au secrétaire particulier de Rhodes le texte signé de Salisbury ainsi qu'un télégramme par lequel Salisbury l'aurait invitée personnellement à venir s'entretenir avec lui. Or, on apprit par la suite que ce télégramme était un faux : ce n'est pas Salisbury qui l'avait envoyé, mais bien la princesse qui se l'était adressé à elle-même. Quant à l'interview, on sait aussi qu'elle n'eut jamais lieu et que la signature de Salisbury fut imitée. — En 1901, la princesse émit plusieurs traites dont le montant total dépassait 29.000 livres et revêtues de la signature de Cecil Rhodes. Ces traites avaient été falsifiées par Madame Radziwill qui, de ce fait, fut traduite en correctionnelle devant la cour de la ville du Cap. La princesse fut condamnée à dix-huit mois de prison. Dans leurs mémoires, les secrétaires de Cecil Rhodes ont donné d'amples détails sur cette affaire, ainsi d'ailleurs que sur d'autres exploits de cette intrigante faussaire. La Bibliothèque de l'Université de Göttingen possède les deux livres où ces mémoires sont consignés. Voici leurs titres : „ *Cecil Rhodes, His private life by his private secretary Philipp Jourdan* ", Londres 1910 ; et „ *Cecil Rhodes, The man and bis work by one of his private and confidentiel secretaries Gordon le Sueur* ", Londres 1913.

Après avoir été contrainte de quitter l'Afrique du Sud, la princesse Radziwill ne s'amenda nullement. En 1921, elle fut incarcérée à New-York pour grivèlerie commise au préjudice de deux hôtels de l'endroit. C'était bien là, n'est-il pas vrai, le témoin qu'il fallait pour fournir des preuves de l'inauthenticité des Protocoles !

Le témoignage de Madame Radziwill, certainement inexact, stipulant que les Protocoles auraient été rédigés vers 1905, après la guerre russo-japonaise, causa bien des tracas au premier expert Loosli. Pour se tirer d'embarras, et pour faire accepter ce rapport par le tribunal, *"à l'insu de tous"*, il changea les dates dans son expertise d'octobre 1934 : il écrivit 1895 au lieu de 1905, ainsi qu'il devait l'avouer sept mois plus tard, devant le tribunal, sur l'injonction de Fleischhauer. Mais ce détail ne fit aucune impression sur le juge, dont la partialité fut si grande en cette circonstance.

D'ailleurs, diverses raisons donnent à penser que Landman avait remis à la princesse un texte rédigé d'avance dans ses grandes lignes, texte qu'elle orna de quelques remarques personnelles. On raconte aussi que le franc-maçon de l'ordre des B'nai B'rith, Louis Marshall, chef de la juiverie américaine, aurait versé à la princesse la coquette somme de 500 dollars pour la fameuse interview. Cc n'étaient point là des honoraires, mais un *"pot-de-vin"*.

Le deuxième témoin fut le comte du Chayla, qui, en sa qualité de témoin, eut l'effronterie de confirmer devant le juge de Berne l'exactitude de son article. Ce n'est qu'après le procès que j'ai pu savoir où se trouvait Sergej Sergejewitsch Nilus, le fils de feu S. A. Nilus, premier éditeur des Protocoles, mort en 1930. Dans une lettre détaillée, datée du 24 mars 1936, le fils Nilus déclare que le comte du Chayla a publié son article dans les *"Dernières Nouvelles"* en parfaite conscience des mensonges qu'il contenait et que cet homme est un menteur perfide et un calomniateur. Le fils Nilus indique notamment qu'il est le fils légitime de S. A. Nilus et de son épouse, mais que sa mère ne s'appelait pas Madame Natalia Afanassiewna K. ni, comme l'a déclaré du Chayla devant le tribunal,

Madame Komarowsky, mais qu'elle s'appelait en réalité : Natalia Afanassiewna Wolodimerow. Il ajoute qu'elle ne fut jamais en relation avec Ratschkowsky et qu'elle ne s'est jamais occupée des Protocoles. Le fils Nilus se déclare prêt à affirmer sous serment qu'il était présent lorsque le commandant Suchotin remit le manuscrit à son père. Il ne peut se rappeler avoir vu la fameuse tache d'encre sur le document.

Il ressort d'autres investigations, qu'en 1920, le comte du Chayla était chef de la section de propagande à l'état-major du corps des Cosaques du Don, dans l'armée de Wrangel. Ayant été reconnu comme agent à la solde des bolchévistes, il aurait été condamné à mort pour haute trahison, si le général Wrangel n'était intervenu à la suite d'une démarche de l'ambassadeur de France. Wrangel dut se contenter d'exclure simplement du Chayla de son armée. Le conseiller d'Etat russe Gregor Petrowitsch Girtschitsch, qui se trouve actuellement à Tunis, et qui servit comme juge d'instruction dans l'armée de Wrangel, s'est longuement étendu sur cet incident, ainsi d'ailleurs que sur la vie antérieure du comte, dans une lettre datée du 30 avril 1936. Ses déclarations revêtent d'autant plus d'importance que c'est Girtschitsch lui-même qui fut chargé de conduire l'instruction contre du Chayla.

Dès le début de juin 1936, le Dr. Boris Lifschitz (Juif d'origine russe, établi à Berne, où il exerce les fonctions d'avocat suisse), représentant le comte du Chayla, avait connaissance de ces deux déclarations qui furent adressées au tribunal. Bien que du Chayla ait été offensé dans son honneur par S. S. Nilus, qui l'a traité de perfide menteur et de calomniateur, il ne porta pas plainte contre lui. Il trouva évidemment plus opportun d'encaisser l'injure plutôt que de s'exposer à affronter un procès où il aurait risqué de voir S. S. Nilus justifier à la barre ce qu'il a écrit de lui.

Mais un troisième témoin s'est fait connaître ces temps derniers. Il s'agit d'Andrej Petrowitsch Ratschkowsky, habitant à Paris, fils de l'authentique conseiller d'Etat Ratschkowsky auquel du Chayla prête faussement le titre de général. Dans une lettre, datée du 13 juillet 1936, il écrit qu'il possède toutes les archives laissées par son père. Il a recherché dans toute sa correspondance privée, il a revu toutes les minutes des rapports que son père adressa aux autorités de St-Pétersbourg, et il n'a découvert nulle part le moindre indice pouvant faire supposer que son père se soit occupé des Protocoles. A. P. Ratschkowsky ajoute qu'il n'entendit jamais son père faire une allusion quelconque permettant de conclure qu'il connaissait leur existence. Il écrit encore que son père ne fut même pas antisémite, qu'il eut des Juifs parmi ses amis et collaborateurs, et qu'à l'époque où l'on prétend qu'il aurait rédigé ce document, il avait précisément comme secrétaire un Juif nommé M. Golschmann. A. P. Ratschkowsky déclare enfin que son père ne connut jamais de sa vie la fabuleuse dame Komarowsky à qui, prétend-on, il aurait remis le manuscrit.

Les rapports de ces trois hommes : Nilus fils, Girtschitsch et Ratschkowsky fils, — qu'on peut considérer comme les témoins les plus compétents —, jettent la lumière sur cette officine de faussaires. Les déclarations de l'aventurière Radziwill, ex-princesse, qui s'appelle aujourd'hui Madame K. Darwin ; celles de l'agent bolchévique comte du Chayla, condamné pour haute trahison ; sont essentiellement fausses. Jamais le conseiller d'État Ratschkowsky ne s'occupa des Protocoles. L'épouse de Nilus qui, d'après les dires de du Chayla, aurait remis les Protocoles à son mari, ne s'appelait pas Komarowsky, mais Wolodimerow, et jamais elle ne fut en relation avec Ratschkowsky.

La cour d'appel de Berne aura à s'occuper, en seconde instance, de ces nouvelles déclarations. Elle devra constater que le tribunal de première instance s'est laissé induire en erreur par de fausses expertises et de faux témoignages et qu'il a prononcé un mauvais jugement.

Indépendamment de cela, il faut que les recherches sur l'origine des Protocoles se poursuivent jusqu'au bout. Il serait avant tout important de savoir de qui le commandant Suchotin tenait les Protocoles en 1895, ou même avant cette date. Nous nous trouvons actuellement à un point mort, d'autant plus difficile à dépasser que l'État Soviétique (qui pourtant prétend n'être pas juif) empêche d'aboutir toutes les enquêtes qui, d'une manière quelconque, sont dirigées contre les Juifs. Bien mieux, l'ancien député de la Douma, le colonel Baron B. Engelhardt, de Riga, écrit, dans une lettre datée du 2 avril 1935, qu'au printemps 1917, aussitôt après la formation du premier gouvernement provisoire du franc-maçon le prince Lwow, les gens au pouvoir s'empressèrent de retirer du Ministère de l'Intérieur et de la Préfecture de Police tous les documents confidentiels relatifs aux Juifs et aux Protocoles. Par ordre du prince Lwow, toutes les pièces qui pouvaient être défavorables aux Juifs furent réunies et remises contre reçu au politicien juif Winawer, membre du parti promaçonnique de Miljukow. Depuis lors, cette documentation a disparu.

Par l'intermédiaire de l'avocat juif Tager, de Moscou, l'expert Loosli a bien pu obtenir du gouvernement soviétique la communication de certains documents dont il avait besoin pour la rédaction de son expertise ; mais, en dépit des efforts désespérés de Loosli, ces documents n'apportent pas la moindre preuve que Ratschkowsky soit l'auteur des Protocoles. De plus, ces documents, dont Loosli était aussi fier qu'il l'était des fausses déclarations de la Radziwill et de du Chayla, ne contiennent rien qui puisse nous éclairer sur la paternité des Protocoles.

Il est certain que le véritable auteur des Protocoles reste toujours inconnu et qu'on ignore encore à quelle époque ils ont été écrits. Tout cela reste enveloppé de mystère. Néanmoins, on ne saurait en conclure qu'ils ont été fabriqués par les antijuifs dans le but d'attaquer la juiverie, et cela d'autant moins que ce qu'ils renferment concorde absolument avec les écrits juifs et se trouve exactement vérifié par les événements politiques. Ce document existe depuis plusieurs décades et aucune preuve concluante infirmant son authenticité n'a encore été produite. Aussi longtemps que de telles preuves n'auront pas été fournies, on doit donc considérer les Protocoles comme authentiques. Car l'inauthenticité d'un document doit être prouvée par ceux qui le contestent et il n'appartient pas aux partisans de ce document d'en prouver l'authenticité.

Quant au procès de Berne, il n'a pas servi à faire la lumière. Tous les arguments exposés à la barre, dans le but de prouver l'inauthenticité des Protocoles, n'étaient pas valables et ils étaient basés sur de grossières falsifications des faits. Seuls ceux qui se sentent coupables et craignent la vérité ont recours à des procédés semblables à ceux dont le tribunal de Berne fut le théâtre.

5.

Trois Juifs orthodoxes affirment l'authenticité des Protocoles.

Jusqu'ici, je me suis occupé, avant tout, de réfuter les allégations de nos adversaires et j'ai pu prouver que les Juifs n'ont pas été en mesure de citer un seul fait probant à l'appui de leur thèse réfutant l'authenticité des Protocoles. Je veux maintenant exposer quelques cas tendant à prouver cette authenticité, en me référant aux déclarations de trois Juifs orthodoxes.

Vers l'année 1901, dans la petite ville polonaise de Schocken (aujourd'hui Skoki), vivait un nommé Rudolf Fleischmann, rabbin suppléant et préposé à l'abattage rituel des animaux de boucherie. Le vice-procureur de l'endroit, M. Noskowicz, entretenait avec lui des relations amicales. Le grand rabbin Dr. Veilchenfeld avait offensé Fleischmann dans son honneur du fait qu'il s'était livré à des violences sur la personne de sa fiancée. Fleischmann fit part de sa douleur à son ami chrétien et, à cette occasion, lui raconta beaucoup de choses sur les écrits anti-chrétiens de la juiverie. Les deux hommes en vinrent à parler des Protocoles des Sages de Sion qui, à l'époque, étaient déjà connus en Russie. Ainsi que Noskowicz le consigna par écrit, Fleischmann l'assura que les protocoles existent réellement, qu'ils sont absolument authentiques et, de plus, qu'ils sont l'œuvre de la juiverie. Noskowicz ajoute qu'il considère comme un devoir de mettre en garde ses coreligionnaires chrétiens et ses compatriotes contre le péril juif.

Dans une lettre, en date du 30 novembre 1934, Noskowicz a informé le „ *Service Mondial* " d'Erfurt de cet entretien. Le journal juif de Berlin ; „ *Jüdische Rundschau* ", du 12 avril 1935, a essayé bien maladroitement de réfuter ce témoignage.

Comme Noskowicz écrivit cette lettre trente-quatre ans environ après son entretien avec Fleischmann, il cita de mémoire l'année 1900. La „ *Jüdische Rundschau* " écrivit alors triomphalement que ce n'est qu'en août 1901 que Fleischmann entra en fonctions à Schocken. Puis, faisant allusion au Dr. Veilchenfeld, ce journal fit observer qu'en 1900 ce docteur était déjà âgé de 75 ans et qu'étant donné son âge on ne pouvait l'accuser d'un tel forfait. C'est là un argument bien juif, car Noskowicz n'a pas spécifié que l'incident s'est produit en 1900. Il a dit simplement que Fleischmann lui a raconté que Veilchenfeld avait offensé sa femme quand elle n'était encore que sa fiancée, c'est-à-dire bien des années avant 1900.

Noskowicz a également exposé ce deuxième cas : En 1906, s'étant adressé directement au rabbin Grünfeld de Swarzedz (Pologne), qu'il connaissait bien, il lui demanda si les Protocoles étaient authentiques. Voici quelle fut la singulière réponse de Grünfeld :

> „ *Cher Monsieur Noskowicz, vous êtes trop curieux et vous voulez en savoir beaucoup trop. Nous n'avons pas le droit de parler de ces choses. Je n'ai pas le droit de le dire et vous n'avez pas le droit de le savoir. Pour l'amour de Dieu, soyez prudent, autrement vous mettriez votre vie en danger* ".

Nous possédons encore une autre déclaration émanant d'un capitaine de cavalerie russe Georg...*(sur sa demande, je ne donne pas son nom afin que ses parents, qui habitent en Russie soviétique, ne soient pas inquiétés).*

En février 1924, Georg, émigré russe, fit une visite à un autre émigré russe, le Juif Sawelij Konstantinowitsch Ephron en Yougoslavie. Ce dernier, dans sa jeunesse, avait été rabbin à Wilna. Plus tard, il embrassa la foi chrétienne orthodoxe, puis devint ingénieur des mines à St. Pétersbourg. Il fut, en même temps, rédacteur au journal monarchiste *„ La Lumière "*, sous le pseudonyme de "Litwin ". Il collabora aussi au *„ Courrier de l'Histoire "* et écrivit un drame intitulé : *„ Les Contrebandiers "*, dans lequel il attaque la juiverie. Les Juifs se vengèrent en le rouant de coups et sa vie fut mise en danger. Lorsque la révolution bolchévique éclata, il dut s'enfuir en Serbie où il fut recueilli dans le cloître de Sainte Paraskewa, près de Petkowitze, dans le district de Schabatz. Il y mourut le 23 Juin 1925.

Le capitaine Georg l'ayant questionné sur l'authenticité des Protocoles, Ephron lui déclara formellement qu'il les connaissait bien, depuis longtemps déjà, même des années avant qu'ils aient été publiés par la presse chrétienne. Le capitaine Georg rédigea un rapport sur cet entretien. Pour témoigner de la véracité des déclarations d'Ephron, il prêta serment solennellement devant l'archiprêtre de l'Église Russe de Paris, en octobre 1928.

Le Lieutenant-Colonel U. Fleischhauer a consigné, dans son expertise remise au Tribunal de Berne, les deux déclarations écrites dont nous venons de parler : celle du vice procureur M. Noskowicz et celle du capitaine Georg. Le juge marxiste ne tint pas plus compte de cette documentation que des autres témoignages invoqués par Fleischhauer.

Le cas d'Ephron m'a extrêmement intéressé et je me suis mis en rapport avec divers groupements d'émigrés russes, dans l'intention de retrouver des personnes ayant connu Ephron. Le résultat de mes recherches dépassa mes espérances. J'ai découvert un ancien combattant de l'armée de Wrangel, Wassilij Andrejewitsch Smirnow qui fut l'ami d'Ephron à Petkowitze. Ce monsieur m'a même remis un manuscrit d'Ephron, écrit en russe, et concernant les Protocoles. Il s'agit là du brouillon d'une lettre ouverte qu'Ephron adressa en 1921 au journal des émigrés russes à Paris „*La Cause Commune*" (édité par Bourtzev). À l'époque, Ephron avait lu, dans ce journal, un article de A. J. Kuprin, dans lequel l'auteur déniait tout caractère d'authenticité aux Protocoles et, pour le prouver, il affirmait que les Juifs ne seraient pas capables de rédiger un écrit aussi anti-chrétien. Ephron se fâcha et envoya à la rédaction de „*La Cause Commune*" la lettre suivante :

> „*Dans ma paisible retraite (je vis dans un cloître en Serbie), je lis rarement des journaux. Aujourd'hui, par un effet du hasard, le N° 440 du journal* „La Cause Commune" *m'est tombé entre les mains. J'y ai lu un feuilleton intitulé* „Guslitzkaja Fabrika", *signé A. J. Kuprin. Dans ce feuilleton, M. Kuprin discute sur les* „Protocoles de Sion" *et fait part au lecteur des impressions qu'il a éprouvées en lisant cet ouvrage. Dans le cas présent, les conclusions de l'auteur quant à l'authenticité des Protocoles ne m'intéressent que peu, ou même pas du tout, car M. Kuprin n'a aucune autorité en la matière. Toutefois, un passage de ce feuilleton m'a intéressé malgré moi. M. Kuprin écrit :* 'Ce qui surprend, dans les Protocoles, c'est cette haine directe, aveugle, stupide et comme routinière contre le christianisme, une haine que seul pourrait concevoir, d'après ses propres sentiments à l'égard des Juifs, un vulgaire mangeur de Juifs. Chaque mot de ces Protocoles respire le sang, la vengeance, l'esclavage, la décomposition et la destruction. En les lisant, on ne ressent pas seulement la virulence mortelle des mots, mais aussi ce que peut avoir de burlesque cette prose à faire dormir debout. Supposons que les diplomates de deux pays se disputent un morceau de territoire appartenant à un autre État ; ou bien que deux directeurs de banque s'entendent pour tondre de naïfs agneaux ; ces personnages se garderaient

bien d'appeler les choses par leur nom. Ils y mettraient des formes polies, bienveillantes et de bon goût. Ces soixante-dix Sages en question, formant le plus haut conseil d'une race intelligente, donc sans aucun doute des hommes de haute culture, auraient eu honte de cette grossièreté primaire que les Protocoles veulent leur attribuer."

„*Cet extrait de l'article de notre aimable artiste traduit une indignation passionnée contre les Protocoles et la conscience chrétienne de l'écrivain ne peut pas se réconcilier avec la méchanceté et la haine contre le christianisme dont les Protocoles sont pénétrés. C'est pourquoi il ne reconnaît pas leur authenticité. Il ne veut pas la reconnaître en raison de la noblesse de son âme. Et il faut qu'il en soit ainsi : il est difficile de s'accommoder avec la vie lorsqu'on se trouve en présence d'une telle méchanceté et d'une telle haine. Ces choses paraissent absurdes à l'écrivain qui a grandi dans la morale chrétienne et qui doit à cette morale sa propre éducation. Mais, malgré cela cette méchanceté et cette haine contre le christianisme ont existé et existent encore aujourd'hui chez le peuple élu.*

„*Je propose à l'honoré et aimable artiste qu'il s'adresse à M. Pasmanik en priant ce monsieur de lui traduire la phrase suivante extraite de la prière que tous les Juifs récitent trois fois par jour. (Je pense que M. Pasmanik connaît l'hébreu ancien et qu'il connaît également cette prière)* :

'Schaketz tischakzenu, sawe tissawenu,
ki cherum hu ... tfu.'

„*Tous les Juifs prononcent ces paroles trois fois par jour dans leurs prières. (J'espère, je le répète, que M. Pasmanik vous le confirmera). Donc, si M. Pasmanik peut traduire exactement ces mots de la prière hébraïque, lorsque M. A. J. Kuprin en aura appris la signification,*

> *il comprendra alors que, comme chrétien et comme honnête écrivain russe, il a le devoir de rétracter devant tous ce qu'il a écrit dans la partie de l'article citée par moi, passage dicté par son bon cœur dans un sentiment d'amour chrétien, ignorant qu'il est du judaïsme et de l'éthique juive.*
>
> „*P. S. — Si, dans la quinzaine, M. Pasmanik n'a pas communiqué à A. J. Kuprin la traduction de la phrase citée par moi de la prière juive, nous la publierons dans la* „Nowoje Wremja", *tant dans le but de son édification que de celle d'autres écrivains égarés par leur souci de l'honneur.* "

Le brouillon de lettre d'Ephron renferme encore les remarques suivantes, ainsi que la traduction libre de la phrase hébraïque citée plus haut :

> „*Jusqu'à la 60-e année du précédent siècle, ces mots étaient imprimés dans les livres de prières hébraïques ; au début de cette 60-e année, la censure russe les a supprimés, ce qui n'a pas empêché les Juifs, et ce qui ne les empêche pas aujourd'hui encore, de les réciter trois fois par jour :*
>
> '*Schaketz tischakzenu*' — tu dois l'exécrer (la croix de Jésus-Christ), '*Sawe tissawenu*' — tu dois en éprouver du dégoût et de l'horreur, '*Ki cherum hu*' — car elle est tombée dans l'anathème, '*Tfu*' — Fi donc ! "

Burtzev n'a jamais publié cette lettre. Lorsqu'il vint témoigner à la barre du tribunal de Berne, il la passa sous silence. On ignore si Ephron l'a envoyée à la „*Nowoje Wremja*", ainsi qu'il l'avait annoncé.

Cette opinion d'Ephron sur les Protocoles est d'autant plus remarquable qu'il a choisi précisément, comme matière à riposte, un article tendant à prouver leur inauthenticité. S'il ne s'exprime pas directement sur la question de l'authenticité, il nous suffit cependant qu'il dénie à Kuprin le droit de juger cette question, parce que ce dernier n'y entend rien, — et qu'il repousse énergiquement la tentative de Kuprin de motiver cette inauthenticité.

Son point de vue ressort encore plus clairement du rapport de Wassilij Smirnow que nous reproduisons ci-dessous, rapport que Smirnow a rédigé en présence de deux témoins qui l'ont signé avec lui le 13 décembre 1936. Voici le texte de ce rapport :

> „ Après mon arrivée dans le royaume de Yougoslavie, en 1921, ayant rang dans l'armée du général Wrangel, j'ai rejoint un groupe d'émigrés russes au village de Petkowitze, dans le district de Schabatz, qui nous avait été assigné comme lieu de séjour.
>
> „ Près de ce village, se trouvait le cloître serbe de Sainte Petka. Ainsi que je l'appris bientôt, Sawelij Konstantinowitsch Ephron habitait dans ce cloître où il menait une vie monacale. En raison de son âge et de sa faiblesse physique, il n'était capable de faire aucun travail (il était alors âgé de 72 ans). S. K. Ephron était entré dans ce monastère sur la recommandation de l'évêque Michael de Schabatz, de l'éparchie duquel dépendait le cloître de Ste. Petka. L'évêque Michael avait été autrefois supérieur de la cour monacale de Serbie à Moscou.
>
> „ À cette époque, je commençai à lire „ La Cause Commune " de Paris. Par la suite, la direction de ce journal l'adressa en trois exemplaires pour les faire circuler parmi les émigrés russes. S. K. Ephron apprit que je recevais „ La Cause Commune ". Il pria un Russe de me demander d'aller le voir pour faire connaissance et pour lui donner à lire le journal. Je m'exécutai et commençai à lui envoyer les journaux les jours suivants. C'est ainsi que je fis la connaissance d'Ephron.
>
> „ Un jour, le N° 440 du journal „ La Cause Commune " publia un feuilleton de Kuprin intitulé „ Guslitzkaja Fabrika " dans lequel l'auteur attaquait les éditeurs des „ Protocoles de Sion " pour la haine aveugle et

sanguinaire contre le christianisme qui se dégage de la lecture de ce livre. Kuprin doutait que des Juifs aient pu exprimer de tels sentiments. Il pensait qu'on ne pouvait les attribuer qu'à un 'vulgaire mangeur de Juifs'.

„Cette opinion de Kuprin sur les 'Protocoles de Sion' irrita beaucoup S. K. Ephron et, lorsque je le revis pour la première fois après cette lecture, il me fit part des impressions que lui avait laissées le feuilleton de Kuprin. Sa réponse à Kuprin était prête. Elle était destinée à la rédaction de „La Cause Commune" et il me chargea d'en faire l'expédition.

„Au cours des entretiens que nous eûmes ultérieurement au sujet de ce feuilleton, Ephron s'éleva contre l'ignorance de Kuprin sur la question ; il pensait que Kuprin n'avait pas la moindre compétence en cette matière. S. K. Ephron me remit le brouillon de la lettre qu'il avait écrite à Kuprin et me dit : 'Mon cher, je vous donne ce brouillon, il pourra peut-être vous servir un jour'.

„Le feuilleton de Kuprin nous fournit l'occasion de dialogues empreints de la plus grande franchise, au cours desquels Ephron me fit part de ce qu'il savait des Protocoles de Sion. Étant données les longues années qui se sont écoulées depuis ces entretiens, je ne puis aujourd'hui me les rappeler tous exactement, mais certaines opinions d'Ephron sont restées gravées dans ma mémoire et je puis les reproduire textuellement. Je les citerai donc entre guillemets.

„Ephron me demanda un jour si j'avais lu les „Protocoles des Sages de Sion". Je lui répondis affirmativement. Il commença alors à m'expliquer qu'en fait, ces Protocoles de Sion ne sont pas les Protocoles originaux, mais qu'ils n'en sont qu'un résumé concis. Il me dit ensuite que la solution de cette question l'angoissait : devait-il, ou ne devait-il pas dévoiler le secret de l'origine des Protocoles ? Car il ne savait pas si, en le dévoilant, il ferait une bonne ou une mauvaise action.

„*Je ne me souviens plus de la suite de notre dialogue ; mais, selon toute probabilité, j'ai dû le questionner à un certain moment sur l'existence et l'origine des Protocoles, car, dans son excitation, il me saisit la tête et me dit textuellement :* Mon chéri, dans le monde entier il n'y a que dix hommes qui connaissent l'existence et l'origine des Protocoles originaux et votre dévoué serviteur est parmi ces dix hommes.' — *A ces mots, il se toucha la poitrine avec son index, puis il ajouta :* Mon chéri, *(c'était son expression favorite),* si vous venez souvent me voir, je me déciderai peut-être à vous divulguer ce secret.'

„*Peu de temps après, je trouvai un emploi à Belgrade et, à mon grand regret, je ne devais plus revoir Ephron, de sorte qu'il a emporté avec lui dans sa tombe le secret des Protocoles de Sion. Il mourut deux ou trois ans après mon départ, ainsi que je l'appris plus tard.*

„*D'après ce qu'il m'a dit, je sais qu'il était juif et qu'il s'était converti à la religion chrétienne orthodoxe alors qu'il était encore en Russie. Après cette conversion, il alla comme missionnaire en Asie Centrale. Il était correspondant de l'Académie des Sciences et rédacteur au journal* „Istoritscheskij Wjestnik". *Ephron m'a dit que son fils avait été officier dans l'armée russe.*

„*Je joins, au présent rapport le brouillon de la lettre de S. K. Ephron à Kuprin, lettre qui fut envoyée à la rédaction du journal* „La Cause Commune".

„*Je suis prêt à confirmer par serment la présente déclaration.*

„*Ancien commandant du Ak-Metschet de la section de propagande à la conférence spéciale de l'état-major du haut commandement des forces armées de la Russie Méridionale.*

Signé :. Wassilij Smirnow. "

À la suite de nouvelles recherches, on découvrit un autre Russe resté en relations personnelles avec Ephron pendant des années. Il s'agit de Wassilij Michailowitsch

Choroschun, qui habite à Petkowitze, en Yougoslavie. À l'époque où Ephron vivait au cloître de cet endroit, W. M. Choroschun était le chef du bureau de ce cloître. Choroschun a fait une déclaration écrite dont voici la teneur :

> „Pendant la période de juin 1924 à novembre 1929, j'ai vécu au monastère de Sainte Paraskewa (Petka), dans le canton de Schabatz, en Yougoslavie. Parmi les diverses fonctions dont m'avait chargé le moine Aristarch, prieur du monastère, j'assurais la direction du bureau. De cette manière, j'étais au courant des archives et de tout ce qui concernait les personnes qui séjournaient au monastère.
>
> „J'ai fréquenté Sawelij Konstantinowitsch Ephron depuis son entrée au cloître jusqu'à sa mort. D'après une lettre de recommandation de l'évêque Michael de Schabatz, qui fut enregistrée par mes soins sous le N° 191, Ephron entra au cloître le 7 juin 1921. Il y mourut dans la nuit du 22 au 23 juin 1925, et aucun témoin n'assista à sa mort. Toutes ses affaires, ses notes et ses livres furent expédiés, par les soins d'un de nos pensionnaires, le général Tolstow, à la chancellerie de Paleolog, chargé d'affaires pour les émigrés russes, à Belgrade. Je bavardai souvent avec Ephron. Il me raconta son passé et m'exposa ses opinions sur diverses questions (entre autres sur la question juive). Je me rappelle qu'il me raconta avoir fait ses études à l'école rabbinique de Wilna et qu'il devint rabbin. Mais, lorsqu'il eut connaissance d'une certaine doctrine secrète (il ne précisa pas laquelle) à l'usage des Juifs, préconisant la haine de l'humanité, il prit la résolution de rompre avec le judaïsme. Il se sépara effectivement de cette doctrine, entra à l'école des mines de St-Pétersbourg où il fit des études complètes. Il s'occupa ensuite de littérature. Il collabora au journal „Nowoje Wremja", travailla comme rédacteur aux journaux „Swet" de Komarow et „Istoritscheskij Wjestnik" et fut secrétaire du Comité Slave.

„ *Dans ce comité, il fit, à Moscou, la connaissance du prieur du cloître serbe, l'archimandrite Michael, lequel, en sa qualité d'évêque de Schabatz, lui accorda l'hospitalité au cloître de Ste. Paraskewa. Ephron raconta qu'il eut deux fils. Ils sont restés en Russie soviétique et lui envoyèrent de l'argent à plusieurs reprises. Je me souviens que, le jour même de sa mort, cinquante dollars arrivèrent de la part d'un de ses fils. Un jour, Ephron me fit cadeau du livre de Nilus sur les Protocoles sionistes. Il me dit en me remettant ce livre :* „Les Protocoles sont une réalité et tout ce qu'ils contiennent est vrai". *Dans nos conversations sur la juiverie, il m'affirma avec assurance que les Juifs possèdent des livres secrets qu'on ne montre qu'aux initiés.*

„ *Trois ou quatre mois avant qu'Ephron mourût, l'écrivain Rodionoff lui écrivit de Mostar pour le prier de lui faire connaître les secrets de la juiverie. Mais S. K. Ephron ne voulut pas le faire, car il attendait l'arrivée du métropolite Antonins auquel il voulait faire part de tout ce qu'il savait sur les Juifs. Dans ses lettres à Ephron le métropolite Antonius lui promettait qu'il viendrait le voir au cloître, accompagné du général Netschwolodow, qui devait tout exprès faire le voyage de Paris dans ce but.*

„ *Vers la fin de sa vie, sentant venir la mort, Ephron manifesta souvent sa déception de ne pas voir venir le métropolite. Il semble qu'il avait un grand désir de lui confier le secret de la juiverie qui le tourmentait. Malheureusement, le métropolite ne vint pas et Ephron ne confia son secret à personne.*

Le soussigné confirme la présente déclaration,
signé : Wassilij Michailowitsch Choroschun,
Village de Petkowitze,
Canton de Schabatz,
(Yougoslavie).
le 3 février 1937. "

Les déclarations réunies du vice-rabbin Fleischmann, du rabbin Grünfeld et de l'ancien rabbin Ephron fournissent la preuve irréfutable que les Protocoles sont bien un document spécifiquement juif. Les déclarations que fit Ephron à diverses occasions à trois Russes : au capitaine Georg, au commandant Smirnow et à l'employé du monastère Choroschun, sont particulièrement concluantes. Il ressort de ces déclarations que les Protocoles ont été rédigés avant le premier congrès sioniste de Bâle, qui eut lieu en 1897 ; qu'ils étaient alors connus des initiés de la juiverie et que le texte laissé par Nilus n'est que l'extrait condensé d'un bien plus volumineux document secret qu'on n'a pu encore découvrir. Sous ce rapport, il est extrêmement important de constater que S. A. Nilus fit une déclaration à peu près analogue lorsqu'il écrivit en 1911, à la page 54, de son livre (3ème édition), que le manuscrit qui lui fut remis n'est *„ qu'un fragment de quelque chose de beaucoup plus important dont le début et de nombreux passages furent perdus, ou ne purent être retrouvés. "*

6.

L'authenticité des Protocoles confirmée par leur contenu.

Une démonstration approfondie de l'authenticité des Protocoles, basée sur leur teneur, dépasserait largement le cadre de cette petite brochure. Il existe sur ce sujet de nombreux ouvrages, parmi lesquels il me faut citer tout spécialement „*Gerichtsgutachten zum Berner Prozeß*" (Expertise de Fleischhauer pour le Procès de Berne) qui renferme une documentation écrasante. Je nie bornerai seulement à formuler ces quelques remarques :

Les visées politiques du peuple juif n'ont pas été exposées pour la première fois dans les Protocoles. Les prophètes juifs avaient déjà traité cette question dans leurs livres. C'est surtout Isaïe qui a prédit ouvertement au peuple élu sa domination sur le monde, dans les chapitres 40 à 61 de son livre. Nous retrouvons dans les Protocoles l'exposé des mêmes visées, mais il s'agit ici d'un plan moderne de stratégie juive, plus adapté à notre époque.

D'innombrables déclarations, parfaitement authentiques, de savants rabbins et de politiciens juifs concordent étonnamment avec les directives des Protocoles.

Il est également indéniable que les événements politiques, subissant l'influence de la judéo-maçonnerie, se déroulent conformément aux prescriptions des Protocoles. Nous le constatons surtout en Russie soviétique où ces prescriptions ont été réalisées sous la conduite de la juiverie. Qu'on réfléchisse à la destruction de la foi chrétienne, ordonnée par les Protocoles ; à la suppression complète de la grande propriété ; à la corruption morale de la jeunesse ; à la destruction de la famille ; à la mise en esclavage de la classe ouvrière ; aux famines qu'on a criminellement provoquées ; à la haine organisée par Moscou au sein des masses populaires de tous les pays. Qu'on pense surtout à la guerre civile en Espagne, provoquée également par Moscou ; aux grèves ininterrompues et aux crises économiques qui sévissent en France ; aux mouvements révolutionnaires au Mexique et en Chine, toujours dirigés et financés par Moscou. Lorsqu'on considère tous ces événements, on arrive à cette conclusion indéniable : **que la juiverie, aidée par le bolchévisme, le marxisme et la franc-maçonnerie, exécute sans trêve ce que prescrivent les Protocoles, dans le but de donner au peuple juif cette domination universelle que lui a prédite son dieu Jehova.**

Cette lutte pour la conquête du monde marche à toute allure depuis que le fascisme italien a jugulé l'activité corruptrice de la franc-maçonnerie, la plus dangereuse alliée de la juiverie ; et depuis que l'Allemagne a ouvertement déclaré que, seul, le Juif est la force propulsive dans la destruction de l'ordre national des peuples. Et c'est en stricte application du 7ème protocole, visant à la destruction des peuples qui osent se défendre contre la terreur juive, tels l'Allemagne, l'Italie, l'Espagne, le Portugal et la Pologne, que la guerre mondiale doit être déchaînée sur le monde. La *"Revue Internationale des Sociétés Secrètes"* écrit à ce sujet dans son numéro du 1er avril 1937 :

> ... *„ Une nouvelle guerre de la " démocratie et du droit " se prépare en toute hâte. L'alliance de tous les groupes juifs est faite et elle a pour nom officiel " alliance des trois grandes démocraties " anglaise, américaine et française. ...*

„ *... Israël a besoin d'une nouvelle guerre mondiale, et vite !...*
„ *... Israël trouve, en effet, que le temps presse. Il lui faut sa guerre mondiale, au nom de la* "Paix indivisible" *pour mater tous ces hommes qui regimbent contre son aiguillon. ...* "

Précisément, les trois pays mentionnés dans cet article se trouvent déjà complètement sous la domination judéo-maçonnique. Presque tous les membres de leurs gouvernements sont des francs-maçons. Dans ces pays, les postes les plus élevés sont confiés à des Juifs ou bien à des hommes qui, soit par leur mariage, soit par les liens de la finance, se trouvent placés sous l'influence juive. Je ne citerai pas de noms, mais pourtant je parlerai d'un homme qui appartient à un autre pays et dont la juiverie dit bien haut qu'il n'est pas juif ; je veux parler de Staline. Or, Staline est marié à une Juive et son tout-puissant secrétaire général n'est autre que le frère de sa femme, le Juif Kaganowitsch.

Des hommes d'État, complètement aveugles, se refusent à reconnaître que le sort des États que les peuples ont remis entre leurs mains ne dépend plus d'eux. Ces aveugles abandonneront fatalement les peuples qu'ils gouvernent au joug judéo-bolchévique, s'ils ne s'unissent au plus tôt pour combattre le péril juif dont le monde est menacé. Ce ne sont ni l'Allemagne, ni l'Italie, ni le Japon, qui menacent la paix du monde, mais uniquement la juiverie, laquelle se donne l'air d'être conservatrice et patriote, tandis que sa presse internationale excite les États les uns contre les autres, conformément aux prescriptions du 7ème protocole, dont voici un extrait :

„ *... Nous devons créer le désordre, les dissensions et la haine dans toute l'Europe et dans les États d'origine européenne sur les autres continents. ...*

„ *... Nous devons pousser les gouvernements goyim à agir conformément à notre plan largement conçu et qui*

> *approche maintenant de sa réalisation triomphale, en donnant l'impression que ces gouvernements cèdent à l'opinion publique, laquelle est en réalité organisée en secret par nous-mêmes à l'aide de ce "grand pouvoir" qui s'appelle la presse ; les journaux d'ailleurs, à quelques exceptions insignifiantes près, sont déjà entièrement entre nos mains. "*

Ce plan de la juiverie, ainsi développé dans les Protocoles, nous le voyons se réaliser d'année en année de la façon la plus évidente et la plus terrible. Il faut être un parfait incapable ou un malfaiteur public pour ne pas vouloir le reconnaître.

> *Je veux maintenant me référer à un Juif qui se déclara sans réserve partisan de l'authenticité des Protocoles et qui affirma que, seul, l'esprit juif est capable d'élaborer un tel programme ; de sorte que, déjà pour cette raison, on ne peut absolument pas douter de l'authenticité de ce document. Il s'agit de l'écrivain juif autrichien feu Arthur Trebitsch. À propos des Protocoles, il écrivit à la page 74 de son livre „ **Deutscher Geist oder Judentum** " (Esprit allemand ou judaïsme), édité en 1921 :*

> *„ Celui qui, agité de funestes pressentiments, a, comme l'auteur, regardé depuis longtemps autour de lui ; qui a entendu parler des idées exprimées dans ce document secret, ainsi que des buts et des intentions de toute notre vie économique, politique et spirituelle qui y sont aussi exposés, celui-là peut, sans crainte d'erreur, penser que ce sont là les expressions les plus innées et les plus naturelles de l'esprit qui s'efforce d'atteindre à la domination universelle. Ces expressions sont si innées et si naturelles, qu'un cerveau aryen ne serait jamais capable d'imaginer cette tactique, ces plans, ces détours et ces filouteries, fût-il même animé d'un si vif sentiment de haine contre les Juifs qu'il serait enclin à la falsification et à la calomnie. "*

La grande conférence annuelle du „*Service Mondial*", la plus importante organisation internationale pour la lutte antijuive dans tous les pays, s'est réunie à Erfurt du 2 au 5 septembre 1937. D'éminents spécialistes, écrivains et hommes politiques, venus de tous les pays, ont pris part aux délibérations. Citons en particulier, parmi les pays représentés : l'Afrique du Sud, l'Allemagne, l'Amérique du Nord, l'Angleterre, l'Autriche, la Belgique, le Canada, le Danemark, l'Espagne, la Finlande, la France, la Grèce, la Hollande, la Hongrie, l'Italie, la Lettonie, la Norvège, la Pologne, la Russie (celle des émigrés), la Suède, la Suisse, la Tchécoslovaquie, la Yougoslavie.

Après que la commission chargée de la vérification méthodique de l'authenticité des Protocoles eut rendu compte de ses travaux pendant les deux dernières années, le congrès adopta à l'unanimité la résolution suivante :

Résolution.

„La conférence du "Service Mondial", siégeant à Erfurt du 2 au 5 septembre 1937, à laquelle prirent part de nombreux spécialistes, écrivains et hommes politiques, venus de plus de vingt pays différents, a pris la résolution suivante à propos de la question de l'authenticité des „Protocoles des Sages de Sion" :

La décision rendue par le tribunal de Berne, le 14 mai 1935, déclarant que les „Protocoles" sont l'œuvre d'un faussaire, constitue un mauvais jugement. Les seuls faits à retenir sont les suivants : Le juge a commis la faute de baser son jugement sur les rapports des experts suisses C. A. Loosli et Professeur Dr. A. Baumgarten, recommandés tous deux par les plaignants juifs. En outre, il n'a pas convoqué les quarante témoins proposés par la partie adverse, tandis qu'il a reçu les dépositions des seize témoins proposés par les plaignants juifs.

Le jugement de Berne n'a pas ébranlé l'authenticité des "Protocoles". A côté de nombreux autres détails, un indéniable fait milite en faveur de l'authenticité de ce document : dans tous ses actes politiques, sociaux et la juiverie se conforme entièrement aux prescriptions de ces Protocoles. Les *„ Protocoles des Sages de Sion "* sont donc le vrai programme de la politique mondiale juive. "

Les meilleurs ouvrages en langue allemande sur la question des Protocoles.

Ulrich Fleischhauer : „ *Gerichtsgutachten zum Berner Prozeß* ".
(L'expertise de Fleischhauer pour le procès de Berne.)
416 pages, chez U. Bodung-Verlag, Erfurt, 1935.

Dr. Stephan Vász : „ **Das Berner Fehlurteil über die Protokolle der Weisen von Zion** ".
(Le mauvais jugement de Berne sur les Protocoles des Sages de Sion.)
135 pages, chez U. Bodung-Verlag, Erfurt, 1935.

„ *Berner Bilderbuch vom Prozeß um die Protokolle der Weisen von Zion* ".
(Le livre d'images bernois du procès des Protocoles des Sages de Sion.)
17 pages, chez U. Bodung-Verlag, Erfurt, 1936.
Avec les photographies du juge, des experts et des principaux témoins et les renvois aux endroits des ouvrages "Expertise" et "Mauvais jugement" où sont reproduites les déclarations de ces principaux acteurs du procès.

E. Frhr. v. Engelhardt : „ *Jüdische Weltmachtpläne* ".
(Plans juifs de domination universelle.)
103 pages, chez Hammer-Verlag, Leipzig, 1936.

Alfred Rosenberg : „ *Die Protokolle der Weisen von Zion und die jüdische Weltpolitik* ".
(Les Protocoles des Sages de Sion et la politique mondiale juive.)
143 pages, chez Deutscher Volksverlag, Munich, 1933.

Dr. Hans Jonak v. Freyenwald : *„ Die Zeugen Jehovas, Pioniere für ein jüdisches Weltreich ".*

    (Les Témoins de Jehovah, pionniers d'un empire juif universel.)

    104 pages, chez Buchverlag Germania, Berlin, 1936.

Nikolaus Markow : *„ Der Kampf der dunklen Mächte ".*

    (Le combat des forces obscures.)

    132 pages, chez U. Bodung-Verlag, Erfurt, 1935.

Henry Ford : *„ Der Internationale Jude ".*

    (Le juif international.)

    352 pages, chez Hammer-Verlag, Leipzig.

„ Zwei jüdische Aufsätze " vom Juden Marcus Eli Ravage.

    (Deux articles juifs écrits par le Juif Marcus Eli Ravage.)

    35 pages, chez U. Bodung-Verlag, Erfurt, 1937.

EN VENTE CHEZ LE MÊME ÉDiTEUR

Anonyme – *La huitième croisade.*
Gaston-Armand Amaudruz – *Le peuple russe et la défense de la race blanche.*
    "   "   "   – *Nous autres racistes.*
Adrien Arcand – *Le communisme installé chez nous suivi de la révolte du matérialisme.*
    "   "   – *Le christianisme a-t-il fait faillite ?*

Herbert Backe – *La fin du libéralisme.*
Itsvan Bakony – *Impérialisme, communisme et judaïsme.*
René Bergeron – *Le corps mystique de l'antéchrist.*
Karl Bergmeister – *Le plan juif de conspiration mondiale.*
Clotilde Bersone – *L'élue du Dragon.*
Jean Bertrand & Claude Wacogne – *La fausse éducation nationale.*
René Binet – *Contribution à une éthique raciste.*
Léon Bloy – *Le salut par les juifs.*
Jean Boyer – *Les pires ennemis de nos peuples.*
Flavien Brenier – *Les juifs et le Talmud.*

Alexis Carrel – *L'homme cet inconnu.*
William Guy Carr – *Des pions sur l'échiquier.*
Lucien Cavro-Demars – *La honte sioniste.*
Pierre-Antoine Cousteau – *L'Amérique juive.*
    "   "   "   – *Après le déluge.*
Louis-Ferdinand Céline – *Voyage au bout de la nuit.*
    "   "   "   – *Mort à crédit.*
    "   "   "   – *Mea Culpa.*
    "   "   "   – *L'école des cadavres.*
    "   "   "   – *Les beaux draps.*
    "   "   "   – *Bagatelles pour un massacre.*
    "   "   "   – *D'un château l'autre.*
    "   "   "   – *Nord.*
    "   "   "   – *Rigodon.*
André Chaumet – *Juifs et américains rois de l'Afrique du nord.*

Savitri Devi – *La Foudre et le Soleil.*

HTTP://WWW.VIVAEUROPA.INFO/LCA/CATEGORY/LIVRES/

Louis Dasté – *Les sociétés secrètes et les juifs.*
" " – *Les sociétés secrètes, leurs crimes.*
" " – *Marie-Antoinette et le complot maçonnique.*
Léon Daudet – *Deux idoles sanguinaires.*
Frederico de ECHEVERRIA – *L'Espagne en flammes.*
Henri FAUGERAS – *Les juifs peuple de proie.*
Eugène Fayolle – *Est-ce que je deviens antisémite ?*
" " " – *Le juif cet inconnu.*
Urbain GOHIER – *Le complot de l'Orléanisme et de la franc-maçonnerie.*
Hermann Göring – *L'Allemagne renaît.*
Joseph Goebbels – *Combat pour Berlin.*
Georges Grandjean – *La destruction de Jérusalem.*

Jean HAUPT – *Le procès de la démocratie.*
Philippe Henriot – *Le 6 Février.*
" " " – *« Ici, Radio-France. »*
Adolf HITLER – *Principes d'action.*

LES JUIFS EN FRANCE – *Intégral.*
Les juifs en France – George Montandon – *Comment reconnaître le juif ?*
" " " – Fernand Querrioux – *La médecine et les juifs.*
" " " – Lucien Pemjean – *La presse et les juifs.*
" " " – Lucien Rebatet – *Les tribus du cinéma et du théâtre.*

Roger LAMBELIN – *« Protocols » des sages de Sion.*
Ernest Larisse – *Jean Lombard & la face cachée de l'histoire moderne.*
Jean Lombard – *La face cachée de l'histoire moderne* – tome I.
Charles Lucieto (Teddy Legrand) – *Les sept têtes du dragon vert.*
Georges de La Fouchardière – *Histoire d'un petit juif.*
Joseph Landowsky – *Symphonie en rouge majeur.*
Henri Louatron – *A la messe noire ou le luciférisme existe.*

Wilhelm MARR – *La victoire du judaïsme sur le germanisme.*
Serge Monast – *Le gouvernement mondial de l'antéchrist.*
Benito Mussolini – *La doctrine du fascisme.*

CLAUDE NANCY – *Les races humaines;* tome I & II.
Serguei Nilus – *Les protocoles des sages de Sion.*

Goré O'THOUMA – *L'esprit juif*

HTTP://WWW.VIVAEUROPA.INFO/LCA/CATEGORY/LIVRES/

Ferdynand Ossendowski – *Bêtes, Hommes et Dieux.*

William Luther PIERCE – *Chasseur.*
William Luther Pierce – *Les carnets de Turner.*
Léon de Poncins – *Les documents Morgenthau.*
Léon de Poncins – *Israël destructeur d'empires.*
Carlos Whitlock Porter – *Non coupable au procès de Nuremberg.*
Ezra Pound – *Le travail et l'usure.*
A. Puig – *La race de vipères et le rameau d'olivier.*

Douglas Reed – *La controverse de Sion.*
Joachim von Ribbentrop – *La lutte de l'Europe pour sa liberté.*
Vladimir Michaïlovitch Roudnieff – *La vérité sur la famille impériale russe et les influences occultes.*
Auguste Rohling – *Le juif-talmudiste.*
Alfred Rosenberg – *L'heure décisive de la lutte entre l'Europe et le bolchevisme.*
Alfred Rosenberg – *Le mythe du XXe siècle.*

Alexandre Saint-Yves D'ALVEYDRE – *La France vraie*; tome I & II.
   "   "   – *La mission des juifs* ; tome I & II.
   "   "   – *La mission des souverains.*
Bernhard Schaub – *L'action européenne.*
Jules Séverin – *Le monopole universitaire.*

Frederik To Gaste – *La vérité sur les meurtres rituels juifs.*
François Trocase – *L'Autriche juive.*
Jérôme et Jean Tharaud – *L'an prochain à Jérusalem.*

Herman de VRIES DE HEEKELINGEN – *Les protocoles des sages de Sion constituent-ils un faux ?*
   "   "   "   – *L'orgueil juif.*
Marie-Léon Vial – *Le juif sectaire ou la tolérance talmudique.*
   "   "   – *Le juif roi.*
Stanislas Volskiï – *La Russie bolchevique.*

Kalixt de WOLSKI – *La Pologne.*
   "   "   " – *La Russie juive.*

YVRI – *Le sionisme et la juiverie internationale.*

Hanna ZAKARIAS – *L'Islam et la critique historique.*
   "   "   " – *Voici le vrai Mohammed et le faux coran.*

- the-savoisien.com
- pdfarchive.info
- vivaeuropa.info
- freepdf.info
- aryanalibris.com
- aldebaranvideo.tv
- histoireebook.com
- balderexlibris.com

www.ingramcontent.com/pod-product-compliance
Lightning Source LLC
LaVergne TN
LVHW041549060526
838200LV00037B/1215